Deportes EN ACCIÓN

porristas

en acción

John Crossingham

Ilustraciones de Bonna Rouse
Fotografías de Marc Crabtree

Crabtree Publishing Company

www.crabtreebooks.com

Serie creada por Bobbie Kalman

Dedicado por Bonna Rouse
A todas mis hermanas, por su cariño y su apoyo

Editora en jefe
Bobbie Kalman

Autor
John Crossingham

Directora de editorial
Niki Walker

Editoras de proyecto
Rebecca Sjonger
Laura Hysert

Editoras
Kathryn Smithyman
Amanda Bishop
Molly Aloian

Director artístico
Robert MacGregor

Diseño
Rose Gowsell
Margaret Amy Reiach (portada)

Coordinación de producción
Heather Fitzpatrick

Investigación fotográfica
Laura Hysert
Jaimie Nathan

Agradecimiento especial a
Doug Martin y la Ontario Cheerleading Foundation, Carley Newman, Ryan Alan, Anastasia Reeve, Heather Lloyd,
Mikey Yasumura, Diana Gibb, Kaitlyn Hetherington, Travis Stirrat, Yin Xia Lu,
Alexi Hetherington, Joel Balthaser y Jon Schmieder de Pop Warner Little Scholars

Consultora
Deborah Gryder, gerente de producción, National Spirit Group
Tim Rowland, entrenador de porrismo, Markham District High School

Consultora lingüística
Zuly Fuentes, Maestra bilingüe, St. Thomas University

Fotografías
Todas las fotografías son de Marc Crabtree, excepto las siguientes:
Comstock Images/www.comstock.com: página 3
Cortesía de Pop Warner Little Scholars, Inc.: páginas 5, 31 (pie de página)
Copyright SW Productions 2003: página 4
Digital Stock: portada

Ilustraciones
Todas las ilustraciones son de Bonna Rouse, excepto las siguientes:
Katherine Kantor: portada, páginas: 10 (pompones), 25,
títulos de capítulos de las páginas 4, 8, 14, 18, 20, 24
Trevor Morgan: página 7

Traducción
Servicios de traducción al español y de composición
de textos suministrados por translations.com

Crabtree Publishing Company

www.crabtreebooks.com   1-800-387-7650

Library of Congress Cataloging-in-Publication Data
Crossingham, John, 1974-
   [Cheerleading in action. Spanish]
   Porristas en acción / written by John Crossingham ; illustrated by Bonna Rouse.
      p. cm. -- (Deportes en acción)
   Includes index.
   ISBN-13: 978-0-7787-8575-0 (rlb)
   ISBN-10: 0-7787-8575-0 (rlb)
   ISBN-13: 978-0-7787-8621-4 (pb)
   ISBN-10: 0-7787-8621-8 (pb)
   1. Cheerleading--Juvenile literature.   I. Rouse, Bonna, ill. II.Title. III. Series.
LB3635.C7618 2005
   791.6'4--dc22   2005014738
                                                                                    LC

Publicado en los Estados Unidos

PMB16A
350 Fifth Ave.
Suite 3308
New York, NY
10118

Publicado en Canadá

616 Welland Ave.,
St. Catharines, Ontario
Canadá
L2M 5V6

Publicado en el Reino Unido

73 Lime Walk
Headington
Oxford
OX3 7AD
Reino Unido

Publicado en Australia

386 Mt. Alexander Rd.,
Ascot Vale (Melbourne)
VIC 3032

Contenido

¿Qué es el porrismo?

El porrismo es un deporte que combina movimientos atléticos con espíritu de equipo. Tanto mujeres como varones pueden ser porristas. Cuando el porrismo comenzó hace más de 100 años, los porristas sólo se presentaban en eventos deportivos, como partidos de fútbol americano y basquetbol. Su trabajo era animar al equipo mediante porras entusiasmadas.

El porrismo ha cambiado mucho desde aquella época. Hoy en día es mucho más atlético y los porristas ya no actúan sólo para apoyar a otros equipos deportivos. Las organizaciones de porrismo regionales y nacionales organizan competencias donde **escuadras** (equipos) realizan rutinas que muestran su condición física, gracia y fuerza.

Más que hurras

El porrismo es un deporte intenso y rápido y los porristas deben estar en buena condición física y bien entrenados. Muchas **rutinas** incluyen movimientos llamados **acrobacias**, como se ve a la izquierda. En una acrobacia, los porristas sostienen y a veces lanzan a una o más compañeras por el aire. Se requiere fuerza y equilibrio para realizar acrobacias. Los porristas también usan vigorosos movimientos de baile y gimnasia, como **volteretas**, para agregar emoción a sus rutinas.

Únete al programa

Muchas escuelas tienen programas de porrismo a los que pueden unirse varones y mujeres. A diferencia de otros equipos escolares, cuyas temporadas duran sólo parte del año, una escuadra de porristas suele practicar y presentarse durante todo el año escolar. Algunos programas de porrismo, como el Pop Warner® Spirit Program, no están vinculados a ninguna escuela. Sus escuadras practican rutinas y compiten todo el año.

El apoyo del entrenador

Para practicar el porrismo de manera segura, debe supervisarte un entrenador. Los **guardianes** también son importantes. Son entrenadores o porristas avanzados que ayudan a guiar tu cuerpo cuando aprendes movimientos nuevos. Los guardianes están listos para atraparte si pierdes el equilibrio en una acrobacia. Muchas organizaciones de porrismo tienen reglas para que este deporte sea seguro. Los entrenadores las conocen, así que sigue sus consejos en la práctica y en las presentaciones.

Los entrenadores no sólo ayudan a sus escuadras con sus rutinas, sino que también ayudan a fortalecer la confianza de los porristas.

Elementos fundamentales

El porrismo no requiere mucho equipo. Además del calzado adecuado, los porristas usan **uniformes** en todos los partidos y competencias. El uniforme de cada escuadra tiene diferentes colores. Con frecuencia, las camisetas tienen el **logotipo** o símbolo del equipo en el pecho. Las muchachas generalmente usan camisetas ajustadas y faldas cortas. Los muchachos usan camisetas sueltas y pantalones cortos o deportivos. Cuando practican, los porristas usan ropa cómoda, como pantalones cortos y camisetas.

Si tienes cabello largo, átalo atrás para que no te moleste.

*Los porristas usan **zapatos deportivos** con suela de goma. Evita las suelas rugosas, porque quizás debas pararte sobre las manos u hombros de tus compañeros. Asegúrate de que el calzado que compres te soporte bien el tobillo y que te calce cómodamente.*

Los uniformes de los porristas identifican claramente sus escuelas o equipos.

Los **pompones** son pelotas de colores brillantes hechas con tiras de papel o plástico. Las porristas más jóvenes suelen usarlos porque los pompones se ven fácilmente desde lejos y agregan entusiasmo a las rutinas con pocas acrobacias. Los pompones no suelen usarse en rutinas con movimientos difíciles, porque pueden estorbar.

Los porristas a veces usan grandes conos llamados **megáfonos** para **amplificar** sus voces (para que se escuchen más). Los megáfonos ayudan a que la gente oiga a los porristas por encima del bullicio de la multitud en los eventos deportivos.

Los carteles no son tan comunes como antes, pero todavía son parte del porrismo. A veces se usan para alentar a los espectadores a que participen haciendo ruido. Los carteles tienen frases que el público puede gritar para alentar al equipo.

Las rutinas pueden **deshidratarte** (hacer que tu cuerpo pierda líquido), especialmente en los días calurosos. Asegúrate de tener agua cerca. Un refrigerio ligero, como fruta, también te ayudará a tener energía.

Precalentamiento

Antes de practicar movimientos de porrismo, debes calentar. Comienza por mover el cuerpo. Camina o trota durante cinco minutos y realiza los ejercicios de estiramiento de estas páginas. Hazlos con cuidado para que no te lesiones un músculo. Al estirarte, recuerda respirar en forma regular.

Estiramiento de corvas

Párate sobre el pie izquierdo y levanta la pierna derecha para que un compañero o compañera pueda tomarte del talón. Cuando te equilibres, tu compañero levantará suavemente tu pierna derecha. Sentirás cómo se estira la parte posterior de la pierna. Mantén el pie derecho flexionado, no en punta, y la espalda recta. Sostén la posición y cuenta hasta diez antes de que tu compañero suelte tu pierna. Ahora estira la otra pierna. Cambia lugar con tu compañero y sé su apoyo.

Estiramiento de cuádriceps

Párate sobre el pie izquierdo y sube el pie derecho hacia atrás, hasta que puedas tomarlo con la mano derecha. Tira suavemente hasta que sientas la tensión en el frente de la pierna. Sostén la posición, cuenta hasta diez y luego estira la otra pierna.

8

Estiramiento de hombros

Párate erguido con los hombros relajados. Levanta el brazo derecho frente a ti y mantenlo estirado. Pon el brazo izquierdo debajo del otro para que los brazos se crucen a la altura de los codos. Con el brazo izquierdo, tira suavemente del brazo derecho hacia el otro lado del cuerpo. Sentirás cómo se estira la parte posterior del hombro derecho. Cuenta hasta diez. Suelta los brazos y relaja los hombros. Ahora estira el otro hombro.

Estiramiento en posición de canoa

Siéntate frente a un compañero con las piernas estiradas y tan abiertas como puedas. Si no puedes estirarte tanto como tu compañero, coloca los pies cerca de sus tobillos. Tómense por los codos. Mantén la espalda recta e inclínate hacia delante hasta sentir cómo se estira la parte interna de los muslos y parte inferior de la espalda. Cuando te inclinas hacia delante, tu compañero se inclina hacia atrás. Mantén la posición diez segundos y luego deja que tu compañero se estire.

Elevación de brazos

Párate con los pies abiertos a la anchura de los hombros. Con los brazos estirados, entrelaza los dedos detrás de la espalda. Levanta los brazos mientras inclinas el tronco lentamente hacia delante. Levanta un poco la cabeza. Debes sentir la tensión en el pecho, los hombros y los brazos. Sostén la posición durante diez segundos. Enderézate y repite el estiramiento.

Estiramiento de pantorrillas

Párate con una pierna frente a la otra. Flexiona la rodilla delantera pero mantén la pierna trasera estirada, con el talón tocando el suelo. Lentamente lleva la cadera hacia delante sin curvar la parte inferior de la espalda. Sostén la posición durante diez segundos. Enderézate y cambia de lado.

9

Denles una mano

El porrismo consiste en usar el cuerpo para enviar un mensaje a una multitud. El modo de mover los brazos, cadera, cabeza y piernas ayuda a comunicarte. En las rutinas se usan varias poses, desde las más simples hasta las más complejas. Aprender estas poses básicas es como aprender el idioma oficial de los porristas. Para empezar la lección, debes conocer las posiciones básicas de las manos.

Mano a mano

Cada posición de las manos tiene su propio nombre. Cuando tu entrenador te pida que hagas las distintas posiciones, usará sus nombres. Las cinco posiciones son **paletas**, **baldes**, **candelabros**, **dagas** y **aldabas**. Las últimas cuatro se hacen con los puños. Siempre cierra las manos con el pulgar por afuera. Mantén las muñecas rectas: ya que dobladas dan un aspecto flojo.

Un balde es un puño con el pulgar hacia abajo, como si la mano sostuviera una cubeta.

En una paleta, el pulgar y los otros dedos están estirados, para que la mano quede abierta y plana. El pulgar apunta hacia delante.

Un candelabro es un puño con el pulgar hacia delante y los nudillos apuntando a un costado.

Una daga es un puño con el meñique hacia delante y los nudillos hacia arriba.

Una aldaba es un puño con el pulgar hacia delante y los nudillos hacia arriba.

Junta las manos

Puedes aplaudir para captar la atención de la multitud o para **acentuar** o resaltar el ritmo de tu porra. En el porrismo, el aplauso no es sólo ruido. Hay dos formas correctas de juntar las manos: el **broche** y el **aplauso**. En cada una se usa una posición específica de las manos.

Para el broche, junta las manos de modo que los dedos de la mano derecha queden entre el pulgar y el índice de la izquierda. Con las palmas juntas, dobla los dedos y pulgares para que las manos se traben.

Para el aplauso, junta las manos delante del pecho con las palmas planas y tocándose. Asegúrate de que las manos queden perfectamente alineadas.

Brazos al cielo

Para los espectadores más alejados, tus brazos son la parte más expresiva de tu cuerpo. Es importante conocer las posiciones de los brazos y cómo hacerlas bien. No muevas los brazos con imprecisión o pereza. Llévalos marcadamente de una posición a la otra. Los movimientos claros y firmes le dicen a la multitud: "¡Estoy emocionado y ustedes también deben estarlo!"

En una **T**, ambos brazos están estirados hacia los costados.

En la **V alta**, los brazos se alzan en forma de V levemente hacia delante.

En la **V baja**, los brazos forman una V invertida y van levemente hacia delante.

Para una **diagonal**, un brazo forma una V alta y el otro una V baja.

Posiciones de los brazos

Los entrenadores y porristas en ocasiones inventan sus propias posiciones de brazos, pero todos usan las que se muestran en esta página. Según lo decida tu entrenador, puedes usar diversas posiciones de manos con cada una de estas posiciones de brazos. A menos que la descripción diga lo contrario, mantén derechos los brazos y muñecas.

Para un **cruce** o **cruce frontal**, pon una mano en la cadera y cruza el otro brazo frente al pecho.

Una posición de brazo es **quebrada** si el brazo está doblado en lugar de recto. Por ejemplo, esta posición es una **T quebrada**.

En una **L**, un brazo se estira hacia arriba y el otro hacia un costado.

Para un **puñetazo alto**, estira de golpe un brazo hacia arriba y pon la otra mano en la cadera.

Para **manos en cadera**, ponlas en posición de candelabro y colócalas en la cadera.

Para un **puñetazo hacia fuera** o **hacia delante**, estira los brazos frente a ti.

A buen paso

Después de aprender las posiciones de brazos, debes aprender las de las piernas. Las muchachas suelen usar más movimientos de piernas que los varones. Los varones por lo general conservan la misma posición de piernas durante su rutina. Sin embargo, es bueno que todos los porristas conozcan las posiciones básicas. En esta página se muestran algunas de las más usuales.

*Las posiciones de piernas más simples son las de **pies juntos** y **pies separados**. Cuando están separados, debe abrirse un poco más ancho que hombros. En ambas posiciones, las piernas están derechas.*

*(izquierda) Las porristas suelen hacer una posición de **ciervo** cuando son levantadas en una rutina.*

(derecha) Los varones pueden estar arrodillados con una pierna durante toda la rutina.

*Para una **estocada hacia delante**, da un paso con una pierna y flexiona la rodilla. La otra pierna queda estirada. También puedes dar estocadas hacia un costado.*

Patadas altas

Las patadas son movimientos emocionantes y vigorosos. Las porristas suelen usarlas como movimientos de baile, pero también como partes de **cánticos** y rutinas. Una **patada alta** (derecha) requiere fuerza, equilibrio y mucha flexibilidad.

La práctica hace al maestro

Se necesita mucha práctica para perfeccionar las patadas altas. Al patear, la espalda debe estar lo más erguida posible. Mantén un pie firmemente apoyado en el suelo. La pierna que patea debe estar recta y el pie debe hacer punta.

¡Espectacular!

Cuando puedas dar patadas altas sin perder el equilibrio, intenta agregar posiciones de brazos. Los puñetazos altos, los brazos estirados verticalmente hacia arriba y las V altas hacen que las patadas sean más impactantes.

Tu entrenador puede sugerirte buenos ejercicios que te ayudarán a prepararte para las patadas. Para evitar lesiones, recuerda ser paciente en las prácticas. Perfecciona una patada simple antes de pasar a una avanzada, como la patada alta.

Salta de alegría

Los saltos agregan un elemento explosivo a toda rutina. Los miembros de una escuadra deben tratar de **coordinar** los saltos, es decir, hacerlos en el momento exacto. Pueden saltar en **unísono** (al mismo tiempo) o uno después de otro con intervalos precisos.

¡Resalta!

Hay más tipos de saltos que los que se muestran aquí, pero estos saltos comunes son un buen punto de partida. Pondrán a prueba tu flexibilidad y fuerza. Los saltos son como los signos de admiración de una rutina, así que usa las piernas para saltar a tu posición. Cada salto tiene una pose específica en el aire. Ponte rápidamente en posición y mantén la pose todo el tiempo que puedas.

*Para hacer una posición de **vallista**, patea hacia delante con una pierna a gran altura. Dobla la otra detrás de ti.*

*Para un salto con **piernas encogidas**, lleva las rodillas al pecho. Pon los brazos en una posición de V alta o de manos en cadera.*

*Para hacer un **herkie**, estira una pierna y levántala bien hacia un costado. Flexiona la otra detrás de ti. La rodilla de la pierna flexionada debe apuntar hacia abajo.*

*En un **toque de puntas**, levanta las piernas todo lo que puedas hacia los costados, abriéndolas totalmente. Inclina el torso hacia delante pero mantén la cabeza alta y los hombros hacia delante. Los brazos estirados deben formar una V baja.*

Preparados, listos...

Todos los saltos comienzan igual, con una serie de pasos llamada **preparación**. Las preparaciones se ven bien y le dan más fuerza y altura a un salto.

*¡Ahora da un salto con **piernas abiertas**!*

Párate con los pies juntos y los brazos en una V alta.

Flexiona las rodillas y baja los brazos frente a ti para que se crucen a la altura de los antebrazos.

Buenos aterrizajes

El paso final de un salto es el **aterrizaje**, que debe ser estable y limpio. Asegúrate de caer con los pies juntos. Para suavizar la caída, flexiona un poco las rodillas y cae sobre la **planta anterior** del pie. La planta anterior es la parte blanda y plana detrás de los dedos. Cuando ganes confianza con los aterrizajes, puedes agregar una posición de brazos, como la V alta o la T.

Grítalo

Recuerda sonreír y mantener la voz fuerte y grave. Las voces agudas no viajan bien en el aire.

Para practicar la proyección de la voz, párate a unos 50 pies (15 m) de un amigo y grítale una porra. Fíjate si tu amigo puede repetir lo que dijiste.

Tu voz es una herramienta importante para alentar a la multitud a vitorear y gritar. No puedes hablar en forma normal, ya que tus palabras deben llegar lejos. Debes aprender a **proyectar** la voz para que toda la multitud la oiga. La proyección de la voz es como apuntarla y dispararla a un blanco. Algunos trucos pueden ayudarte a proyectarla más lejos.

Desde el pecho

Pon una mano en la garganta y di algo. ¿Sientes cómo vibra? Ahora pon una mano en el pecho y habla. ¿También vibra? Si no vibra, baja un poco el tono y habla más fuerte. Ahora debes sentir cómo retumba el pecho. Esa manera de hablar "desde el pecho" hace que tu voz llegue más lejos.

Con claridad

La **articulación** (la forma de decir las palabras) también es esencial. No juntes las palabras. Dilas por separado y con fuerza. Asegúrate de decir cada sílaba con claridad. Finalmente, dale emoción a lo que dices. Si gritas tu porra con fervor y sentimiento, es más probable que entusiasmes a la multitud.

El cántico

Una de las maneras más sencillas de combinar las destrezas vistas hasta ahora es en un **cántico**. Un cántico es una porra corta y vivaz que usa movimientos de brazos y posiciones de piernas para acentuar las palabras. Los movimientos de un cántico siguen el ritmo de las palabras. Los ritmos son generalmente simples (por ejemplo, "1-2-3-4, 1-2-3-4" ó "1-2-3, 1-2-3"). Para ayudarte a seguir el ritmo, puedes usar la voz, aplausos y movimientos de brazos y piernas. Los porristas suelen entonar cánticos en las líneas de banda de los partidos para animar a los espectadores a que apoyen a su equipo.

¡Comprueba tu espíritu!
Prueba este cántico para evaluar tus movimientos, articulación y proyección de voz. Recuerda que todos tus movimientos deben ser rápidos y firmes. Lleva con vigor los brazos y piernas a una nueva posición. Marca el ritmo antes de empezar. Comienza cada movimiento en un tiempo.

¡Sí,
(L)

ro-
(L quebrada)

jo!
(broche)
descanso

¡Sí,
(V alta)

ma-
(manos en cadera)

rrón!
(broche)
descanso

¡Re-
(diagonal)

cu-
(preparación)

pe-
(salto con piernas abiertas)

ren
(aterrizaje en T)

el
(manos en cadera)

ba-
(V baja)

lón!
(puñetazo alto)

Siente el ritmo

El baile es una gran parte del porrismo. Los porristas pueden usar todo tipo de estilos y técnicas de baile, desde el hip-hop hasta el jazz. A diferencia de los cánticos, las rutinas de baile se centran más en movimientos suaves y fluidos que en posiciones abruptas y marcadas. Los porristas se mueven constantemente en las rutinas de baile, en lugar de hacer poses en cada tiempo, como en los cánticos.

Aunque las escuadras usan poses como la T o el puñetazo alto en sus rutinas de baile, también inventan movimientos. Una escuadra generalmente trabaja con su entrenador para crear una buena rutina llena de movimientos inesperados. Las mejores rutinas de baile tienen dos elementos: movimientos coordinados y **originalidad** (un estilo propio).

Una escuadra incluye pasos de baile en su rutina para hacerla más interesante.

En busca del ritmo perfecto

Los bailes son las únicas rutinas que los porristas hacen al ritmo de la música. La música que elijan es fundamental, porque marcará la pauta de sus rutinas. La mayoría de las escuadras eligen canciones animadas y divertidas porque transmiten energía a los porristas y a la multitud. Las rutinas de baile suelen durar sólo de 30 segundos a un minuto, así que las escuadras eligen las partes más vivaces de las canciones. En las escuelas grandes, algunas escuadras crean rutinas para las canciones interpretadas por la banda de la escuela.

Los entrenadores trabajan con sus escuadras para crear buenas rutinas. Todos pueden sugerir formas de hacer el baile más interesante.

Sigue la melodía

No hay reglas para armar una rutina de baile, algunos de los mejores pasos nacen al bailar por diversión. Trata de **adaptar** (cambiar un poco) algunas posiciones de porrismo para crear nuevos pasos. Por ejemplo, comienza con una diagonal y sigue con una patada alta, luego da un giro y lanza un puñetazo alto mientras pisas fuerte con un pie. ¡Las posibilida des son infinitas!

Un baile lleno de energía alienta a la multitud a animar al equipo.

Volteretas

Muchos porristas también son **gimnastas** (varones o mujeres que practican el deporte de la gimnasia). Los gimnastas pueden ser excelentes porristas, pues combinan movimientos de fuerza y flexibilidad con belleza artística. Algunos movimientos de la gimnasia, como la **rueda lateral** o rueda de carro y la **parada de manos** (ver página de enfrente), también se incorporaron en el porrismo. Le aportan destreza, movimiento e interés visual a las rutinas. Una voltereta es cuando el cuerpo da vuelta en al aire.

Las volteretas gimnásticas también incluyen movimientos en el aire, como las ruedas laterales **aéreas** y los **saltos mortales hacia atrás** (ver página de enfrente). Los porristas frecuentemente realizan una combinación de volteretas sucesivas, llamada **serie de volteretas**. Los porristas pueden cambiar de dirección en una serie de volteretas mediante **movimientos de transición**, como ruedas laterales. Las series de volteretas pueden ser una gran distracción mientras otros miembros de la escuadra se preparan para las acrobacias.

Apréndelo bien

Las series de volteretas son interesantes adiciones a una rutina, pero no se pueden aprender de la noche a la mañana. Pueden ser peligrosas y sólo los entrenadores de gimnasia capacitados pueden enseñártelas. Se necesitan guardianes para ayudarte a guiar el movimiento del cuerpo. Si te interesa agregar volteretas a una rutina, habla con tu entrenador.

Una parada de manos es una voltereta que lleva a un porrista rápidamente de una posición de pie al equilibrio sobre las manos y luego de vuelta a la posición de pie.

La rueda lateral es una importante destreza que debe aprenderse, pues se requiere para muchas otras destrezas similares, como las ruedas laterales aéreas. Para una rueda lateral aérea, no se apoyan las manos en el suelo.

Un salto mortal hacia atrás es una vuelta en el aire con las piernas recogidas contra el pecho.

23

Equipo de acrobacias

Las acrobacias son los movimientos más asombrosos del porrismo porque en ellas los porristas levantan y lanzan por el aire a sus compañeros. Las acrobacias requieren de buena comunicación entre dos o más personas al realizarlas. Antes de que te entusiasmes demasiado con las acrobacias, dedica tiempo a dominar las posiciones básicas. Sólo entonces, y con la ayuda de tu entrenador, deberías intentar aquellas destrezas. Todas las acrobacias requieren años de entrenamiento y dirección apropiada.

Incluso las escuadras que pueden realizar acrobacias tan difíciles como ésta, siempre tienen guardianes listos para ayudar si alguien pierde el equilibrio.

Arriba y abajo

En las acrobacias en equipo hay dos papeles: **voladoras** y **bases**. Las voladoras van arriba. Normalmente son pequeñas y livianas, ya que serán levantadas o lanzadas por el aire. Las bases son quienes levantan, sostienen y lanzan por el aire a las voladoras. Deben ser fuertes y estables. La mayoría de las acrobacias son realizadas por una voladora y dos o más bases. A veces se agregan más bases como guardianes por si se cae una voladora. Las voladoras y bases trabajan juntas para lograr dos tipos de acrobacias: **ascensos** y **levantamientos**. En los ascensos, las voladoras suben sobre las bases y luego posan. En los levantamientos, las voladoras son levantadas a los muslos, hombros o manos de las bases.

Lo básico para las bases:

 Para tener equilibrio, párate con los pies separados, como mínimo a la anchura de los hombros. Si tú no tienes equilibrio, la voladora tampoco lo tendrá.

 Aunque no seas la base principal, intenta mantener siempre contacto con la voladora.

 Advierte a la voladora con una corta cuenta regresiva antes de bajarla.

Para las voladoras:

Mantén las rodillas **firmes** para que las piernas estén derechas. Si te tiemblan las piernas, a la base le será difícil sostenerte.

Endereza la espalda y no te inclines hacia delante ni hacia atrás. Deja que la base te equilibre.

Realiza movimientos de brazos suaves, no bruscos.

Apoyo sobre el muslo

Uno de los primeros ascensos que se aprenden es el **apoyo sobre el muslo**. En ese ascenso, la voladora no está tan lejos del suelo. Como hay pocas probabilidades de lesiones, las voladoras y bases pueden acostumbrarse a sus funciones sin miedo a lastimarse. Este ascenso se puede hacer con una o dos voladoras.

Acrobacias avanzadas

Hay muchas reglas para la seguridad de los porristas en sus acrobacias. Por ejemplo, los porristas sólo pueden hacer acrobacias de **extensión total** en el último año de la escuela secundaria.

En esas acrobacias, las bases estiran los brazos cuando levantan a las voladoras. Las escuelas secundarias no permiten que los porristas hagan acrobacias con más de **doble altura**, o dos personas de alto.

Los porristas del equipo principal del último año de la escuela secundaria y de equipos universitarios pueden hacer acrobacias avanzadas, como esta **extensión total** *o* **escorpión**, *sólo cuando el entrenador cree que están listos.*

La extensión total en las acrobacias requiere gran fuerza de las bases y excelente equilibrio de las voladoras.

Pirámides

Los porristas siempre se retan a hacer acrobacias más difíciles que requieren más bases. Algunas tienen cuatro o más bases por voladora. Las bases adicionales actúan como guardianes de las voladoras y brindan más apoyo. Una escuadra intenta la acrobacia más famosa, la **pirámide**, sólo cuando el entrenador cree que tiene la destreza suficiente. Una pirámide consiste en una secuencia de dos o más acrobacias. Las voladoras unen las acrobacias tomándose de las manos y a veces de las piernas. Algunas pirámides sólo tienen dos acrobacias y participan seis o siete personas. Otras, como la pirámide que aparece arriba, usan toda la escuadra e incluyen varias acrobacias.

¡Bajan!

Para **desmontar**, o bajarse, de una posición como la del apoyo sobre el muslo, una voladora simplemente desciende. Sin embargo, en la mayoría de los levantamientos la bajada es tan espectacular como la subida. Los entrenadores y escuadras quieren que el descenso sea suave y seguro, pero también interesante para la multitud. El descenso más común se llama **atrapada de cuna**. La voladora de la izquierda usa una atrapada de cuna para desmontar de una acrobacia de extensión total.

¡Te tenemos!

Para la atrapada de cuna, por lo menos dos bases reciben y sostienen la espalda y muslos de la voladora. En este descenso, las bases también se llaman **receptores**. La atrapada de cuna debe estar muy bien sincronizada entre la voladora y los receptores. Los porristas se ponen de acuerdo sobre una cuenta regresiva de antemano. En general es: "1-2-¡YA!" Cuando dicen "YA", las bases le dan a la voladora un leve impulso hacia arriba. Los dos receptores principales unen los brazos y la voladora cae sentada en ellos. Otra base detiene los hombros y la cabeza de la voladora si comienza a caer hacia atrás.

Descenso

El **descenso vertical** es un descenso rápido y simple que se ve muy bien en una rutina. Requiere tres receptores. Cuando las bases liberan a la voladora del ascenso, ésta desciende directamente a sus brazos, como se ve a la derecha.

¡Eso es difícil!

Los porristas del último grado de la escuela secundaria intentan descensos incluso más osados. Uno de ellos es el **lanzamiento**. En un lanzamiento, las bases lanzan a la voladora por el aire y luego la reciben en una atrapada de cuna. Cuando está en el aire, la voladora puede hacer un salto, como el de piernas abiertas.

En un descenso vertical, la caída de la voladora es amortiguada y guiada por tres receptores. El receptor de atrás es el más importante. Esa persona sujeta la cintura de la voladora cuando va bajando.

Presentarse ante una multitud

Ya sea que una escuadra se presente en un partido de fútbol americano local o en una competencia nacional, necesita una rutina muy buena. Las mejores rutinas combinan todo lo que has leído en este libro. Los porristas usan cánticos, bailes, volteretas y acrobacias para impresionar a la multitud. Siempre tiene que estar ocurriendo algo en una rutina.

Por ejemplo, cuando unos miembros de una escuadra hacen volteretas, otros preparan una acrobacia. Mientras la mayor parte de la escuadra esté haciendo algo, el público tendrá la impresión de que la escuadra está en movimiento.

Toda la escuadra participa en la acrobacia final de una rutina. ¡Eso es trabajo de equipo!

En un partido

En eventos deportivos, los porristas se presentan en las pausas de los partidos. Algunas rutinas son cánticos cortos o bailes diseñados para llenar las pausas cortas o los tiempos muertos. Las rutinas más largas se presentan en el **medio tiempo**. Incluyen acrobacias y volteretas creadas para sorprender y entretener a la multitud.

Competencias

Los porristas también realizan rutinas largas en competencias. Estas rutinas duran algunos minutos. La mayoría de las escuadras comienzan con vistosas acrobacias o series de volteretas y en medio de sus rutinas realizan los cánticos o bailes. Los cánticos y bailes no cansan tanto como las acrobacias y volteretas, de modo que le dan a la escuadra tiempo de reponer energía para el gran final. La mayoría de las escuadras dejan sus proezas más impresionantes, como las pirámides gigantes, para el final.

¿Cómo lo hicimos?

Una escuadra de porristas debe ser interesante y original. Sus miembros deben moverse bien como equipo. Finalmente, deben escucharse a lo lejos. Los jueces toman en cuenta todos estos factores cuando eligen la mejor escuadra de una competencia. Les dan premios a las mejores escuadras por categorías según la edad.

Muchas escuadras se animan con una porra antes de competir, a fin de crear más entusiasmo para su presentación.

Las escuadras ganan competencias gracias a que practican y perfeccionan cada parte de sus rutinas.

Glosario

Nota: Es posible que las palabras en negrita que están definidas en el libro no aparezcan en el glosario.

acrobacia Movimiento acrobático con dos o más porristas

ascenso Acrobacia en la que una porrista sube sobre otra y posa

aterrizaje Posición final después de un salto, vuelta o lanzamiento, en la que los pies tocan el suelo

base Porrista que levanta, sostiene o lanza a las voladoras por el aire en una acrobacia

cántico Rutina corta y ágil que combina un mensaje gritado con aplausos, posiciones de brazos y movimientos de piernas

coordinar Sincronizar movimientos a la perfección para que todos se muevan al mismo tiempo

escuadra Equipo de porristas

firme Mantener las articulaciones rígidas y fuertes para que los brazos o piernas estén perfectamente derechos

guardián Persona que ayuda a los porristas en sus movimientos nuevos y que los atrapa si es necesario

levantamiento Posición en la que una porrista es sostenida en el aire

medio tiempo El periodo de descanso entre dos mitades de un partido

movimiento de transición Movimiento que le permite a un porrista cambiar de dirección mientras une las partes de una serie de volteretas

proyectar Emitir la voz para que se la pueda oír claramente a lo lejos

receptor Base que atrapa a una voladora

rutina Secuencia más larga con acrobacias, volteretas, posiciones de brazos y piernas, aplausos y mensajes gritados

serie de volteretas Serie de maromas, vueltas y saltos realizados sucesivamente

voladora Porrista que es levantada, sostenida o lanzada por el aire en una acrobacia

Índice

1 2 3 4 5 6 7 8 9 0 Impreso en Canadá 4 3 2 1 0 9 8 7 6 5